『文の組み立て特訓』について

「国語が得意になりたい、どうしたらよいのでしょうか。」というご質問をよくうかがいます。国語の力を伸ばそうとして、問題集を解いたり、塾へ通ったりなさっているようですが、なかなか効果があがらない事が多いようです。実際、国語の力を上げることは難しい事だと一般には思われているようです。

エム・アクセスでは毎日の授業を通じて、**言葉のかかり方をしっかりとらえること**が、**国語の力を上げる重要な要素**の一つだということを実感し、言葉のかかり方（主語・述語、修飾・被修飾の関係）の問題を完全にこなせるようになるまで指導しました。すると、どんな国語の問題集を解いてもなかなか効果の上がらなかった生徒が、国語の成績をぐんと伸ばすことができたのです。

そして、エム・アクセスでは、言葉のかかり方（主語・述語、修飾・被修飾の関係）を集中して効率的に学習出来るようにこの問題集を作成しました。すべての国語力の基礎として、このテキストを心からお勧めします。

　　　　　　　　M・access（エム・アクセス）

『文の組み立て特訓』の効果的な使い方

①答は、テキストの「かかり図」に直接書き込む。

②答合わせは自分ではしないで、他の人（お父さん・お母さん・先生など）にやってもらう。

③答が合うまで、何度でも挑戦する（答直しをする）。

④そのページが完全に合うまで次のページには進まない。

『文の組み立て特訓』の合格の目安

①テキスト45ページ～50ページのレベルの問題において、1回目で80％以上正解する。

②あるいは、すべてのレベルの問題において、まちがった問題が1回目の答え直しで正解する。

合格しなければ、新たにもう1冊をやり直すと効果が上がります。また、弊社刊『文の並べかえ特訓』もお勧めします。

対象学年

中学生を対象として作成していますが、私立中学受験を目指す小学生の皆さんにも使えるように、使用する言葉には配慮しています。

主語・述語・修飾語

▷文とは
　まとまった意味をもった、ひとつづきのひとつらなりを文といいます。文の終わりには（。）がつきます。※（?）や（!）をつける場合もあります。

▷主語と述語
　主語―文の中で説明のもとになっている語。文のあたまにあたることば。「何が」、「何は」にあたるもの。
　述語―主語をうけて説明をあらわしている語。文のからだにあたることば。「どうする」、「どんなだ」、「なんだ」にあたるもの。

▷主語と述語の関係
　主語と述語には次の三種類があり、「文の基本型」といいます。
（1）何がどうする（何はどうする）―動作を表す。
　　　　　　　　　　　　　　　⇨ 動詞型
　　例　小鳥が鳴く。
　　　　魚は泳ぐ。

（2）何がどんなだ（何はどんなだ）―様子やありさまを表す。
　　　　　　　　　　　　　　　⇨ 形容詞型・形容動詞型
　　例　空が青い。
　　　　雲は白い。

（3）何がなんだ（何はなんだ）―ものやものの名まえを表す。
　　　　　　　　　　　　　　　⇨ 名詞型
　　例　あれが学校だ。
　　　　兄は三年生だ。

▷主語と述語に関する特別な文

文には基本型以外に、次のような例外のかたちもあります。

① 倒置法

　文が「主語→述語」ではなく「述語→主語」の順にならぶときもあります。このかたちは倒置法といいます。

　　例　かわいいね、子犬は。

② 主語や述語の省略

　主語や述語ははぶかれる場合があります。

　　例　火事だ。（主語の省略）
　　　　おとうさんは、どこ？（述語の省略）

③ 「が・は」以外のことばがつく主語

　「が・は」ではなく「も・こそ・さえ・の・だけ」がついて主語になる場合もあります。

　　例　あなたも　小学生です。　　夢こそ　人生そのものだ。
　　　　私さえ　出てきた。　　　　人どおりの　多い所。
　　　　私だけ食べてしまった。

　※　「も・こそ・さえ・の・だけ」の部分に「は・が」をおきかえても意味がとおる場合は主語です。けれどもおきかえても意味がとおらない場合は主語ではありませんので注意しましょう。

④ いろいろな形の主語

　主語には次のような形もあります。

　　例　あれは　私の　かばんです。
　　　　人生というものは　はかないものだ。
　　　　読んだことが　役に立った。
　　　　赤いのが　動いている。
　　　　写すのは　かんたんだ。

⑤二つの文節で述語の働きをする場合

　例　映画を　見に行く。
　　　本を　貸して　あげる。
　　　私たちも　話して　みる。

⑥主語や述語が二つ以上ある場合

　例　坂道や　石段が　多い。
　　　海は　青くて　広い。

※主語と述語を見つけるには
　①まず述語を押さえます。（文末に注目）
　②そして主語を見つけます。（「何が」←「述語」）

▷修飾語と被修飾語

　修飾語―主語や述語について、そのことがらや様子をくわしく説明する言葉を修飾語といいます。修飾語はかざることばともよばれています。

　被修飾語―修飾語によってくわしく説明されるほうのことばを被修飾語といいます。

▷修飾語のかかり方

　修飾語のかかり方は、かかることばのちがいによって次のように分けることができます。

①「主語」を修飾する場合

　例　白い　鳥が　とんでいます。

②「述語（じゅつご）」を修飾（しゅうしょく）する場合

例　鳥が　たくさん　とんでいます。（述）

③「主語（しゅご）」と「述語（じゅつご）」を修飾（しゅうしょく）する場合

例　白い　鳥が（主）　たくさん　とんでいます。（述）

※修飾語（しゅうしょくご）はふつう被修飾語（ひしゅうしょくご）にあたる「主語」や「述語」のすぐ前にきます。

④「主語（しゅご）」や「述語（じゅつご）」をかさねて修飾（しゅうしょく）する場合

例　鳥が　空を　ゆうゆうと　とんでいます。（述）

⑤「修飾語（しゅうしょくご）」を修飾（しゅうしょく）する場合

例　鳥が　とても　高く（修）　とんでいます。（述）

※このように修飾語は主語や述語にかかるだけでなくほかの修飾語にかかることがあります。

⑥いくつかの言葉をあいだにおいて修飾（しゅうしょく）する場合

例　空に　白い　鳥が（主）　たくさん　とんでいます。（述）

※このように修飾語は被修飾語のすぐ前にあるとはかぎりません。

― 4 ―

主語・述語を書きましょう。ない場合は、×と書きます。

(1) 花は、きれいだ。　　　　□　⇒　□

(2) 何、あの草は。　　　　　□　⇒　□

(3) お母さんは。　　　　　　□　⇒　□

(4) どうしたの。　　　　　　□　⇒　□

(5) さるは 動物です。　　　□　⇒　□

(6) どこ行くの。　　　　　　□　⇒　□

(7) 雨、ふってる。　　　　　□　⇒　□

(8) ぼくのは。　　　　　　　□　⇒　□

(9) 光ったよ、かみなり。　　□　⇒　□

(10) ごはん、何。　　　　　　□　⇒　□

主語・述語を書きましょう。ない場合は、×と書きます。

(1) りんごは くだものだ。　□ ⇒ □

(2) 雨が ふっています。　□ ⇒ □

(3) 君こそ 親友だ。　□ ⇒ □

(4) 海は 広い。　□ ⇒ □

(5) 冷たいね、風が。　□ ⇒ □

(6) 私は 小学生です。　□ ⇒ □

(7) どこ行くの、君。　□ ⇒ □

(8) 先生は。　□ ⇒ □

(9) はとが とぶ。　□ ⇒ □

(10) どうしたの。　□ ⇒ □

主語・述語を書きましょう。ない場合は、×と書きます。

(1) かきは。　　　　　　　　　　□ ⇨ □

(2) 魚が およぐ。　　　　　　　□ ⇨ □

(3) 火事は こわい。　　　　　　□ ⇨ □

(4) 美しいな、山が。　　　　　　□ ⇨ □

(5) 宿題は。　　　　　　　　　　□ ⇨ □

(6) おいしかったな、おべんとう。□ ⇨ □

(7) どうするの。　　　　　　　　□ ⇨ □

(8) 太陽が まぶしい。　　　　　□ ⇨ □

(9) 父は 会社員です。　　　　　□ ⇨ □

(10) おいしの。　　　　　　　　　□ ⇨ □

—7—

主語・述語・修飾語を書きましょう。ない場合は、×と書きます。

(1) 私の 兄は 中学生です。

(2) 赤い チューリップが さいている。

(3) 父の 本は むずかしい。

(4) サッカーは はげしい スポーツだ。

(5) 空に 星が 光る。

主語・述語・修飾語を書きましょう。ない場合は、×と書きます。

(1) 雨が はげしく ふっています。

(2) 姉の 歌声は 美しい。

(3) するどい 矢が つきささる。

(4) 小さな 鳥が 鳴いている。

(5) ライオンは 強い 動物です。

主語・述語・修飾語を書きましょう。ない場合は、×と書きます。

(1) お母さんが すごく おこった。

(2) ぼくは ジュースを 飲んだ。

(3) 子どもたちぇ 読むことが できる。

(4) 大きな 川が 流れている。

(5) あの子は 速く 泳ぐ。

主語・述語・修飾語を書きましょう。ない場合は、×と書きます。

(1) 楽しい 夏休みが 始まる。

(2) 私が ケーキを 焼きます。

(3) 国語の テストは むずかしい。

(4) 空には ひこうき雲が できている。

(5) 母は 料理が 得意です。

主語・述語・修飾語を書きましょう。ない場合は、×と書きます。

(1) 夕飯の おかずは 何ですか。

　　[　　　　　] ↓
　　　　　　　[　　　　　] ⇒ [　　　　　]

(2) 兄の 絵は どれですか。

　　[　　　　　] ↓
　　　　　　　[　　　　　] ⇒ [　　　　　]

(3) 私だけ 全部 できた。

　　　　　　　[　　　　　] ↓
　　[　　　　　] ⇒ [　　　　　]

(4) きのうは すずしかったね。

　　　　　　　[　　　　　] ↓
　　[　　　　　] ⇒ [　　　　　]

(5) 子どもたちも 残さず 食べた。

　　　　　　　[　　　　　] ↓
　　[　　　　　] ⇒ [　　　　　]

主語・述語・修飾語を書きましょう。ない場合は、×と書きます。

(1) 新聞で 読んだことが 役に立った。

(2) 彼も 私も 高校生です。

(3) 海は 広くて 深い。

(4) 赤いのが 私の くつです。

(5) とても かわいいね、子犬は。

主語・述語・修飾語を書きましょう。ない場合は、×と書きます。

(1) 君の 意見こそ まちがっている。

(2) 森や 林が 多い。

(3) 両親も 運動会に 参加します。

(4) おもしろかったね、きのうの ドラマ。

(5) 学校の 宿題は これだけです。

主語・述語・修飾語を書きましょう。ない場合は、×と書きます。

(1) 私の 趣味は 切手を 集めることです。

(2) 畑の 麦が 青々と のびている。

(3) 赤い 小さな 実は 何ですか。

(4) 兄は 毎日 電車で 通学します。

(5) 貨物船は 荷物を 運ぶ 船です。

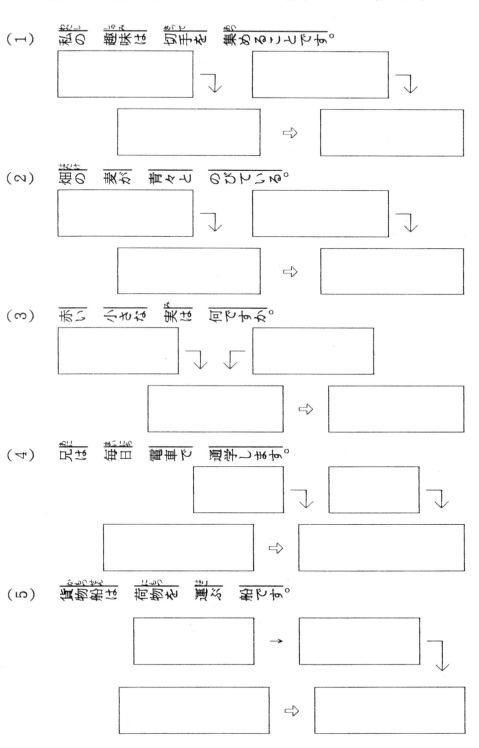

主語・述語・修飾語を書きましょう。ない場合は、×と書きます。

(1) 島の 人々は 海で 働きます。

(2) たくさん 積もった ぼたん雪。

(3) 兄と 弟は 仲の良い 兄弟です。

(4) まっかな 夕日が 海に しずむ

主語・述語・修飾語を書きましょう。ない場合は、×と書きます。

(1) 青くて 深い 湖が ある。

(2) 花が とても たくさん 咲いている。

(3) 海に 白い ヨットが うかんでいます。

(4) 海が とても 青く 光っている。

主語・述語・修飾語を書きましょう。ない場合は、×と書きます。

(1) しとしとと つめたい 雨が ふる。

(2) ときどき 長い かみが ゆれる。

(3) 父は 休日に 海外へ 旅行した。

(4) あの 美しい 花は 何ですか。

主語・述語・修飾語の関係を考えて□の中に記号を書きなさい。

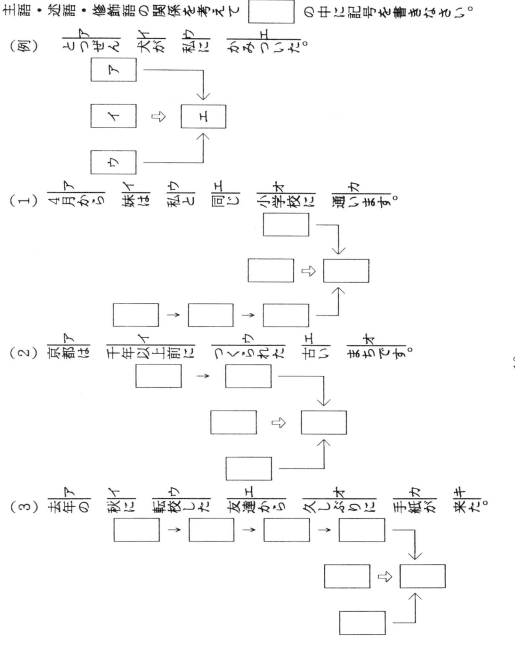

主語・述語・修飾語の関係を考えて □ の中に記号を書きなさい。

(1) 私はア 泣きながらイ バスにウ 乗るエ 鈴木君をオ 見送ったカ。

(2) 私はア 泣きながらイ バスにウ 乗るエ 鈴木君をオ 見送ったカ。

(3) 林さんはア お母さんとイ お父さんがウ 帰ってくる前にエ 夕食をオ 食べましたカ。

(4) 林さんはア お母さんとイ お父さんがウ 帰ってくる前にエ 夕食をオ 食べましたカ。

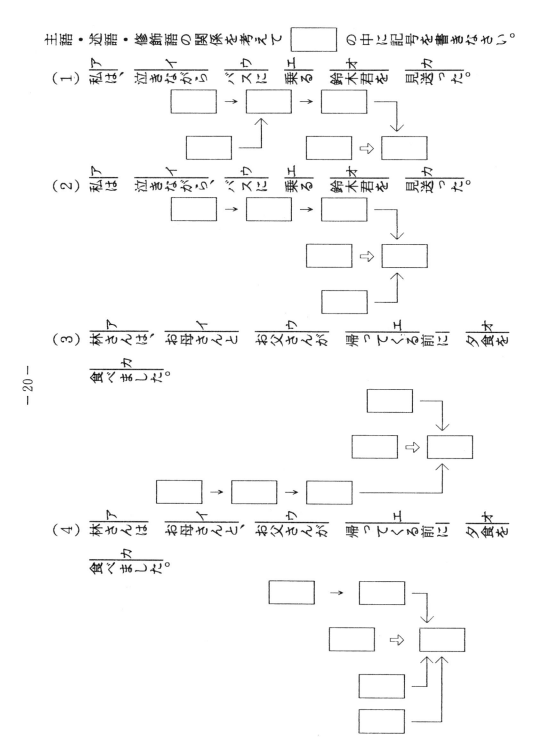

主語・述語・修飾語の関係を考えて □ の中に記号を書きなさい。

(1) ア父は イ朝から ウ会社に エ行き、オ母は カデパートへ キ買い物に ク出かけました。

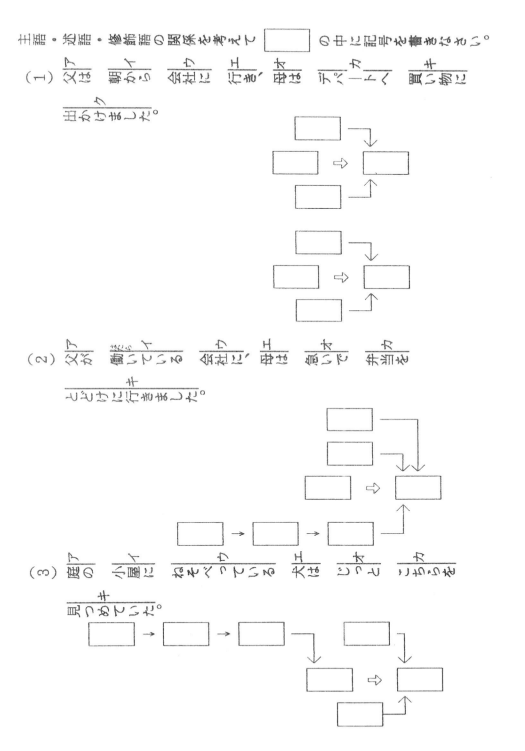

(2) ア父が イ働いている ウ会社に、エ母は オ急いで カ弁当を キとどけに行きました。

(3) ア庭の イ小屋に ウねそべっている エ犬は オじっと カいちらを キ見つめていた。

主語・述語・修飾語の関係を考えて □ の中に記号を書きなさい。

(1) ア明日、イぼくは ウ新幹線で エ名古屋の オおばの カところに キいく ク予定です。

(2) アにぎやかな イ小鳥の ウ歌に エつれて オ黄色の カ花が キ喜びに クおどり出すように ケゆれている。

(3) アなつかしい イわたしの ウふるさとは エ海に面した オ小さな カさびしい キしずかな クなか町です。

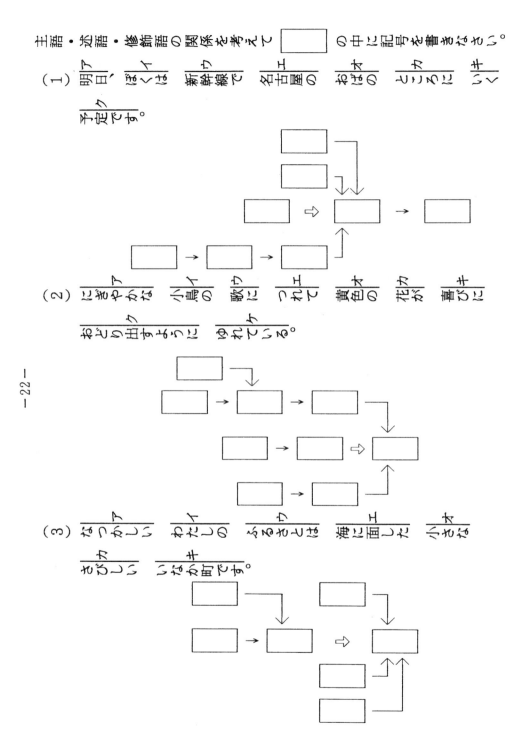

主語・述語・修飾語の関係を考えて □ の中に記号を書きなさい。

(1) 図書館の もっとも たいせつな 仕事は、集めた 本を
     ア   イ   ウ   エ   オ   カ
   おおぜいの 人が 利用できるように 整理することです。
     キ   ク   ケ   コ

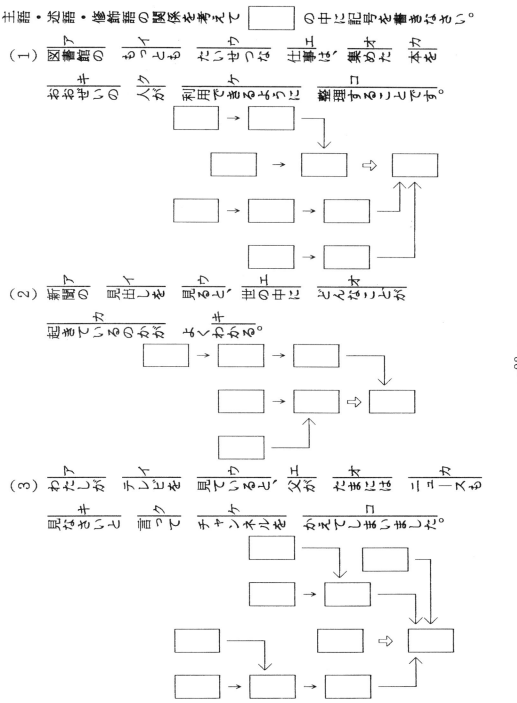

(2) 新聞の 見出しを 見ると、世の中に どんなことが
    ア   イ   ウ   エ   オ
   起きているのかが よくわかる。
      カ   キ

(3) わたしが テレビを 見ていると、父が たまには ニュースも
    ア   イ   ウ   エ   オ   カ
   見なさいと 言って チャンネルを かえてしまいました。
      キ   ク   ケ   コ

主語・述語・修飾語の関係を考えて □ の中に記号を書きなさい。

(1) ア ひとりで イ そんなに ウ 遠くまで エ 行くことは、 オ とても カ 危険な キ ことです。

(2) ア わたしの イ となりに ウ 住んでいる エ おじうさんは、 オ いつも カ にこにこ キ 笑っている。

(3) ア 私は、 イ 一人で ウ 電車に エ 乗って オ おばさんの カ 家に キ 遊びに ク いきました

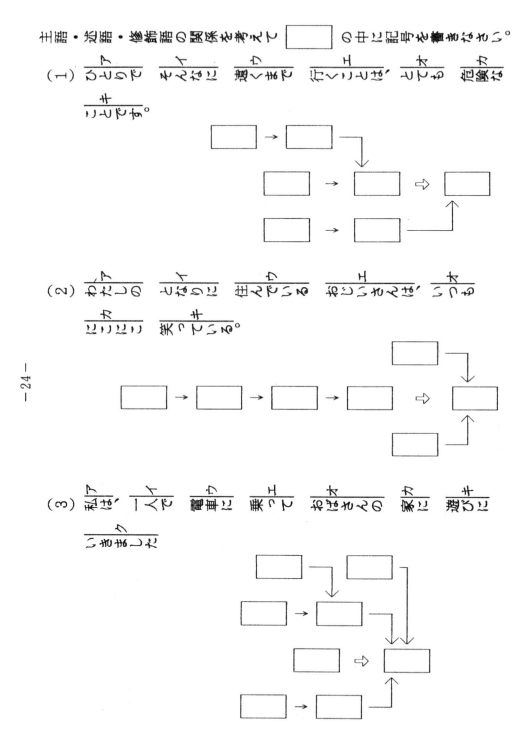

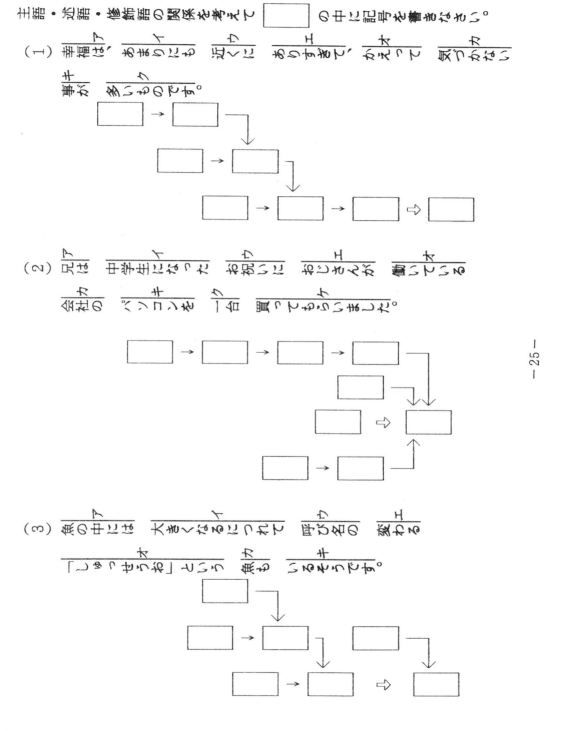

主語・述語・修飾語の関係を考えて □ の中に記号を書きなさい。

(1) ｱｲｵｿｳな ｲ犬が ｳいたので ｴ走って ｵにげると、ｶその犬は ｷしっぽを ｸふって ｹ追いかけてきました。

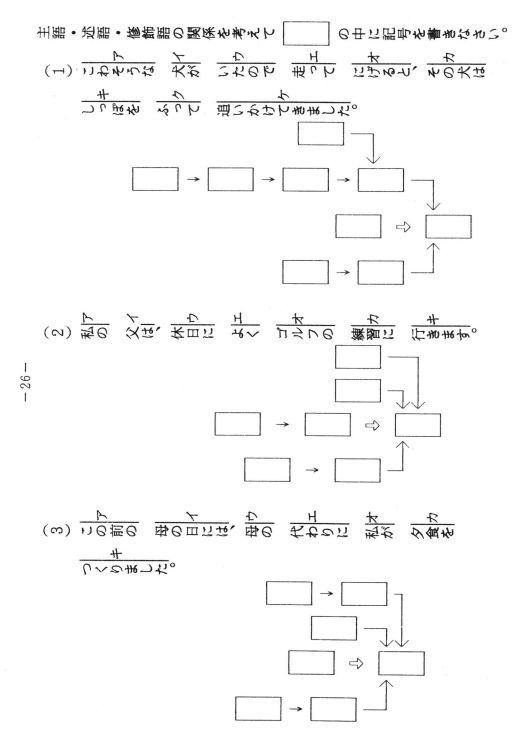

(2) ｱ私の ｲ父は、ｳ休日に ｴよく ｵゴルフの ｶ練習に ｷ行きます。

(3) ｱこの前の ｲ母の日には、ｳ母の ｴ代わりに ｵ私が ｶ夕食を ｷつくりました。

主語・述語・修飾語の関係を考えて □ の中に記号を書きなさい。

(1) 夏休みに 海へ 行ったときに 食べた はまぐりは とても
　　　ア　　　　イ　　　ウ　　　　　エ　　　オ　　　　カ
おいしかった。
キ

(2) 今年は、冬が 暖かかったので、梅が 咲くのが いつもより
　　ア　　　イ　　ウ　　　　　　エ　　オ　　　　カ
おくれています。
キ

(3) 王さまは 城から 連れ去られた 王女が とても 心配で、夜も
　　ア　　　　イ　　　ウ　　　　　エ　　　オ　　　カ
眠れませんでした。
キ

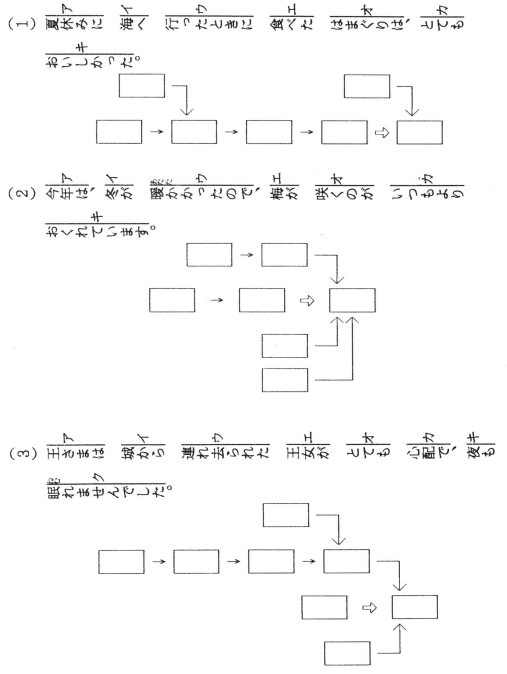

主語・述語・修飾語の関係を考えて□の中に記号を書きなさい。

(1) 今日は(ア) 近くの(イ) 神社で(ウ) 豊作を(エ) 祝う(オ) 年に(カ) 一度の(キ) お祭が(ク) あります(ケ)。

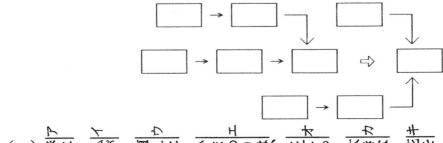

(2) 春に(ア) 私が(イ) 植えた(ウ) ひまわりは(エ) とても(オ) 大きな(カ) 花を(キ) 咲かせました(ク)。

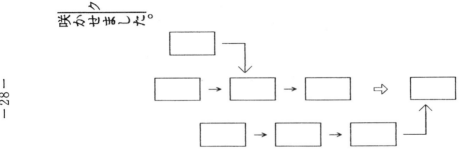

(3) 母から(ア) 何度も(イ) 言われたのに(ウ) 弟は(エ) ちっとも(オ) 勉強しようとは(カ) しませんでした(キ)。

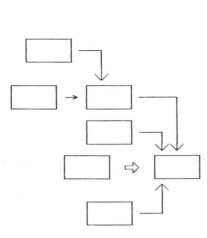

主語・述語・修飾語の関係を考えて □ の中に記号を書きなさい。

(1) 川に（ア） 浮かんでいる（イ） 白いものは（ウ） まだ（エ） 生まれて（オ） 間もない（カ） 白い（キ） 子犬でした（ク）。

(2) あんなに（ア） 小さな（イ） 体なのに、（ウ） すずむしは（エ） なんて（オ） きれいな（カ） 声で（キ） 鳴くんだろう（ク）。

(3) もっと（ア） 大きくなってから（イ） 食べようと（ウ） 思っていた（エ） タケノコは、（オ） 大きくなりすぎて（カ） 食べられない（キ） 竹になってしまいました（ク）。

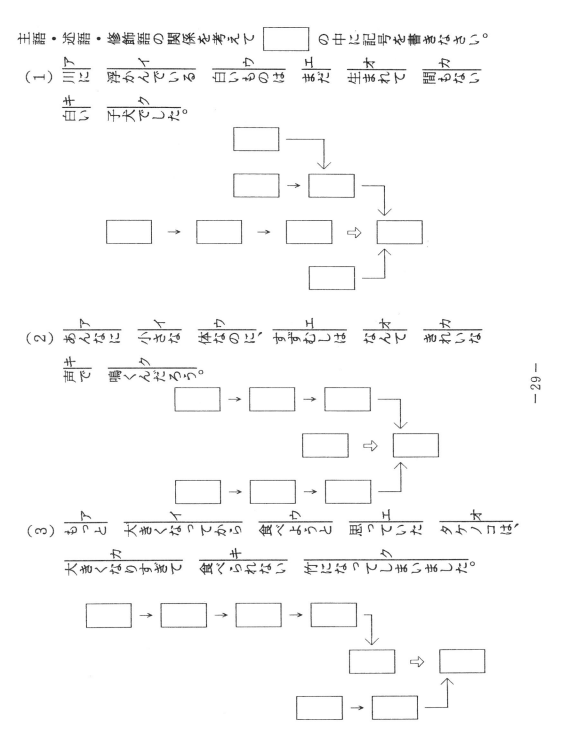

主語・述語・修飾語の関係を考えて □ の中に記号を書きなさい。

(1) ア久しぶりの イ雨で、 ウ草木たちも エすっかり オ元気を カ取りもどした。

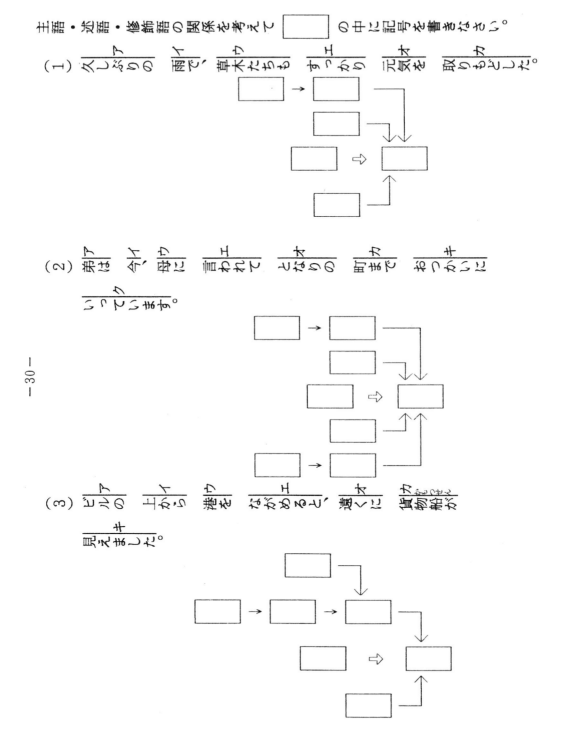

(2) ア弟は イ今、 ウ母に エ言われて オとなりの カ町まで キおつかいに クいっています。

(3) アビルの イ上から ウ港を エながめると、 オ遠くに カ貨物船が キ見えました。

主語・述語・修飾語の関係を考えて □ の中に記号を書きなさい。

(1) ア雨が イ上がった後、 ウハトが エ校庭の オ水たまりに カたまごを キうみつけていました。

(2) ア私は イおじいさんから ウ戦争で エ死んだ オそうの カ話を キ聞きました。

(3) ア確か イ彼は ウその時 エ教室の オ中には カいなかったはずです。

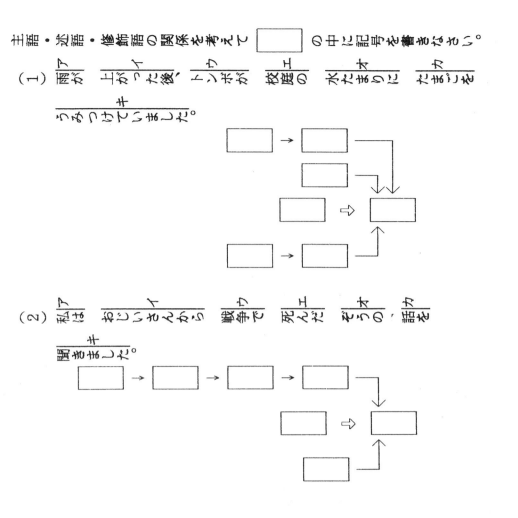

主語・述語・修飾語の関係を考えて □ の中に記号を書きなさい。

(1) ア車は イ予定より ウ3時間も エおくれて オ家に カ着きました。

(2) ア曲がり角の イ向こうから ウにぎやかな エ声が オここまで カ聞えてきます。

(3) ア外は イまだ ウ明るかったので、 エ高山君は オ帰らなければいけない カ時間を キ忘れていました。

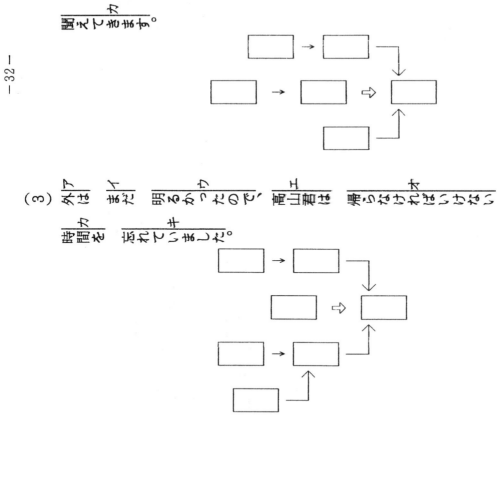

主語・述語・修飾語の関係を考えて □ の中に記号を書きなさい。

(1) ア おじいさんが イ かっていた ウ オウムは エ 今でも オ よく カ おじいさんの キ 口ぐせを ク まねします。

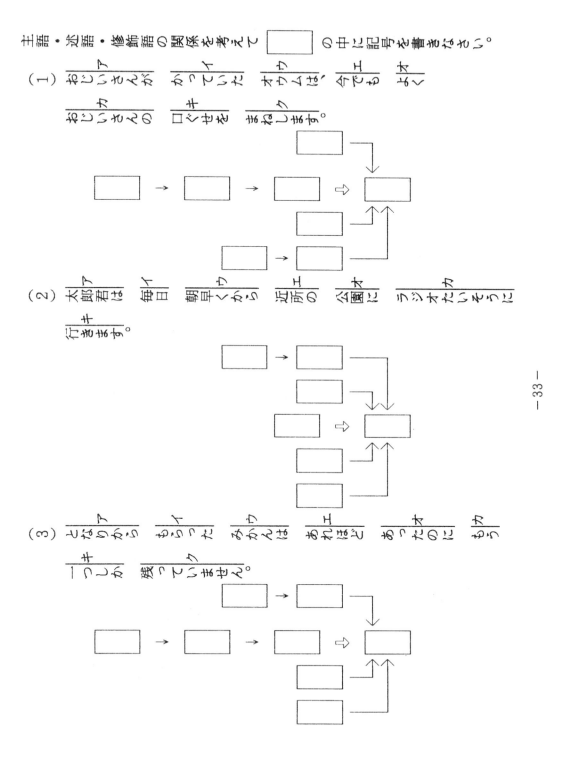

(2) ア 太郎君は イ 毎日 ウ 朝早くから エ 近所の オ 公園に カ ラジオたいそうに キ 行きます。

(3) ア となりから イ もらった ウ みかんは エ あれほど オ あったのに カ もう キ 一つしか ク 残っていません。

主語・述語・修飾語の関係を考えて□の中に記号を書きなさい。

(1) 動物の中で 一番はじめに やってきたのは 牛の せなかに
    ア   イ   ウ   エ   オ
    のってきた ネズミでした。
    カ   キ

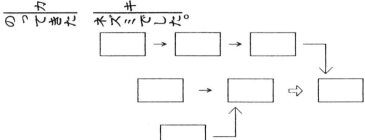

(2) 夏休みの間、私たちは 毎日のように プールで
    ア   イ   ウ   エ
    くたくたになるまで 泳ぎました。
    オ   カ

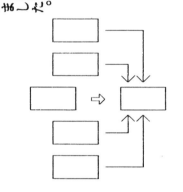

(3) 姉が 持っている タイトの ネックレスは 大切な 母の
    ア   イ   ウ   エ   オ   カ
    形見です。
    キ

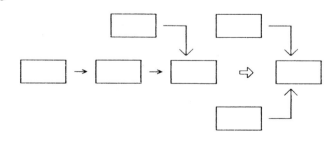

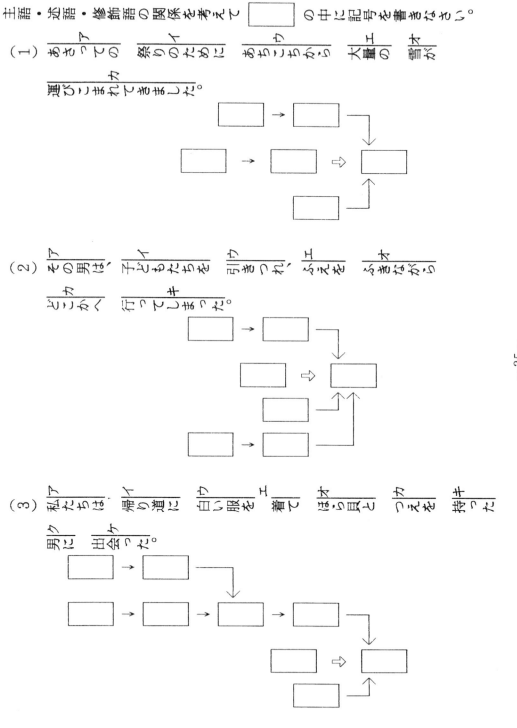

主語・述語・修飾語の関係を考えて □ の中に記号を書きなさい。

(1) ア三日前に イ植えた ウヒヤシンスの エきゅうこんに オもう カ根が キ生えました。

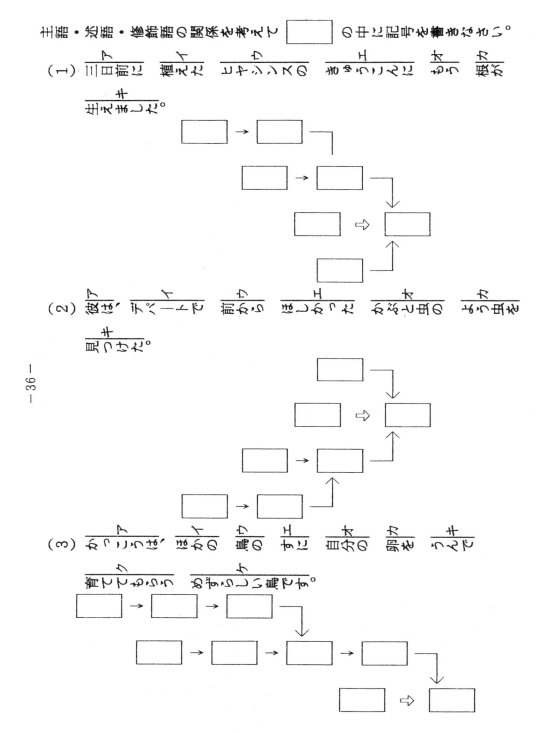

(2) ア彼は、 イデパートで ウ前から エほしかった オかぶと虫の カよう虫を キ見つけた。

(3) アかっこうは、 イほかの ウ鳥の エすに オ自分の カ卵を キうんで ク育ててもらう ケめずらしい鳥です。

主語・述語・修飾語の関係を考えて□の中に記号を書きなさい。

(1) 太郎君は ア、 体育と イ 給食の ウ 時間だけは、 エ 水を オ えた カ 魚のように キ いきいきとしています。

(2) ダイヤモンドが ア、 えんぴつの イ しんと ウ 同じ物質で エ できていると オ 聞いて、 カ 私は キ たいへん ク おどろきました。 ケ

(3) 親鳥は ア、 けがを イ している ウ ふりをして エ キツネの オ 注意を カ 自分に キ 向けさせました。 ク

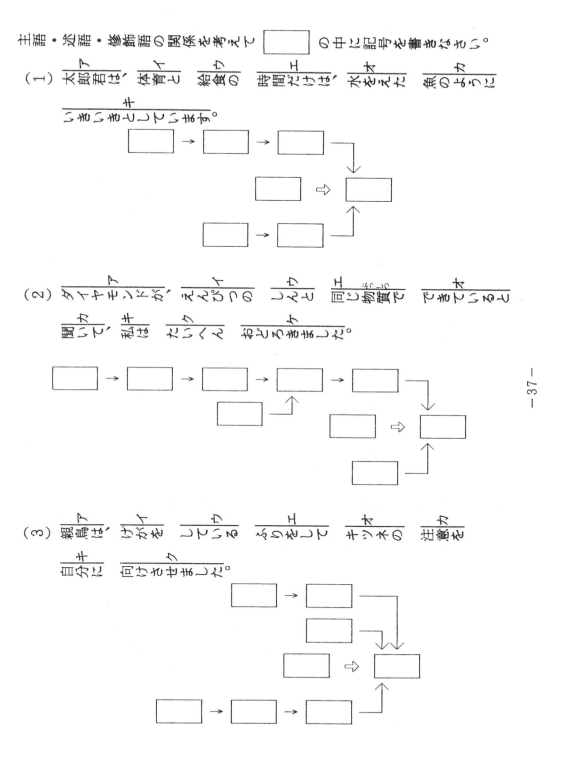

主語・述語・修飾語の関係を考えて□の中に記号を書きなさい。

(1) 今日は_ア ふだんは_イ 見えない_ウ 星が_エ 見えるほど_オ 空が_カ すき通っていました_キ。

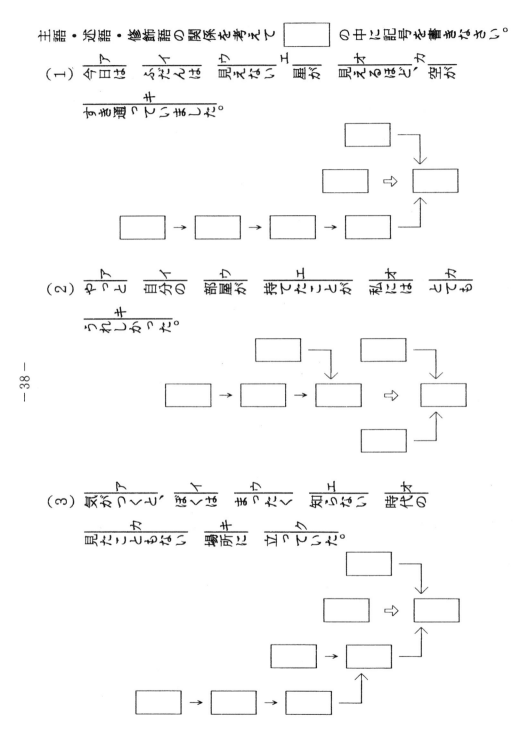

(2) やっと_ア 自分の_イ 部屋が_ウ 持てたことが_エ 私には_オ とても_カ うれしかった_キ。

(3) 気がつくと_ア、ぼくは_イ まったく_ウ 知らない_エ 時代の_オ 見たことも_カ ない 場所に_キ 立っていた_ク。

主語・述語・修飾語の関係を考えて□の中に記号を書きなさい。

(1) おじいさんは、アおおきなィ実がゥできるように、ェ残りのオつぼみをヵ切ってしまいましたキ。

(2) おばあさんはァ、なかィここにゥだっていたェ映画館についてオ、くわしくヵ語ってくれましたキ。

(3) いまだかって、ァそのほらィ穴にゥ入ってェ無事に出てきたォ者はヵひとりもキいませんでしたク。

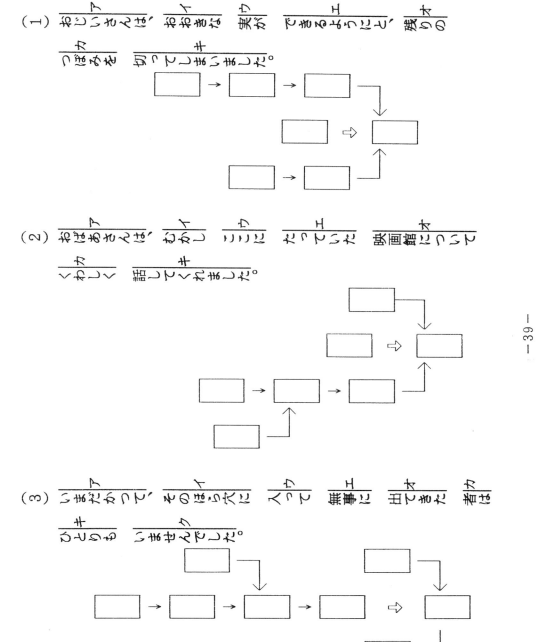

主語・述語・修飾語の関係を考えて□の中に記号を書きなさい。

(1) ア本は、イ私たちが ウいろいろな エ問題で オこまっているときに、カどうすればよいかを キそっと ク教えてくれます。

(2) アその馬は、イ水を ウ飲むのを エやめて オ音のした カ方向を キ見まわした。

(3) アみんなの イ意見で、ウ明日から エ校内に オ投書箱が カ置かれることになりました。

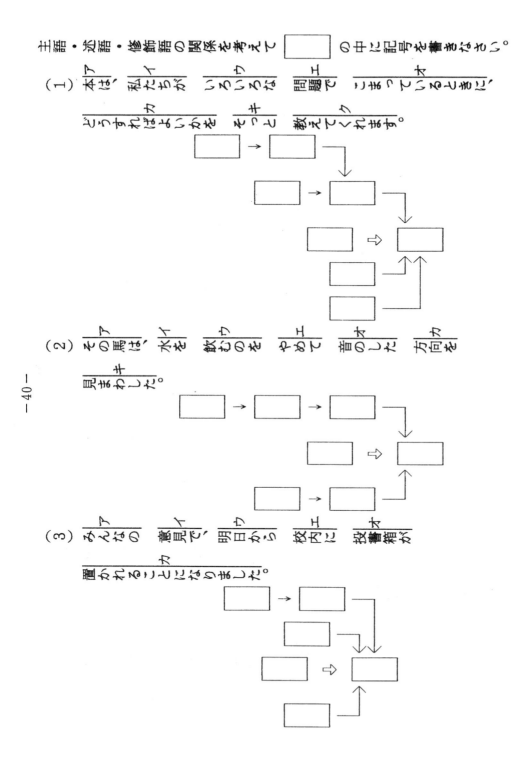

主語・述語・修飾語の関係を考えて □ の中に記号を書きなさい。

(1) ア この イ 中世の ウ 有名な エ 画家が オ 描いた カ 絵画は、キ この ク 国の ケ 宝です。

(2) ア 私は イ 忘れっぽいので、ウ 大切な エ ことは オ すべて カ メモに キ 書きこみます。

(3) ア 教えるのが イ うまい人は、ウ むずかしいことでも エ かんたんな オ 言葉を カ 使って キ 説明することができます。

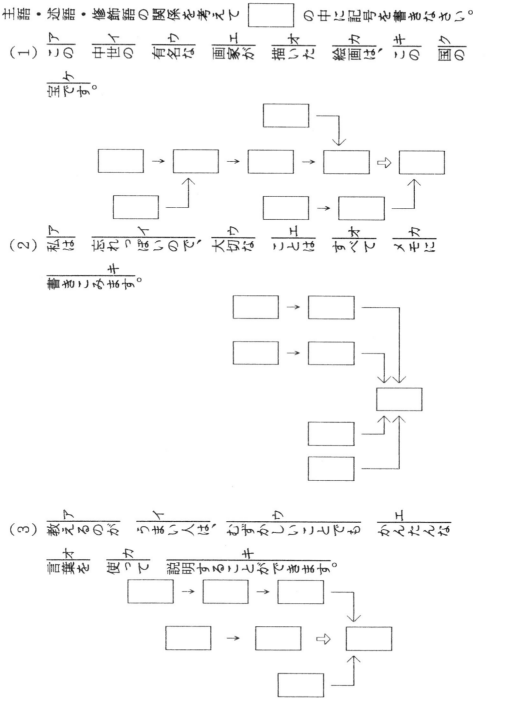

主語・述語・修飾語の関係を考えて □ の中に記号を書きなさい。

(1) ただの_ア 土から、_イ あんなに_ウ きれいな_エ お皿が_オ できるなんて、_カ 私は_キ 知らなかった。_ク

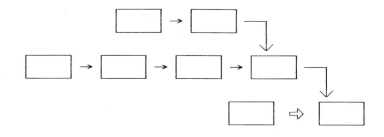

(2) エジプトの_ア ピラミッドは、_イ ナイル川の_ウ ほとりに_エ 何千年も_オ 前から_カ 立っています。_キ

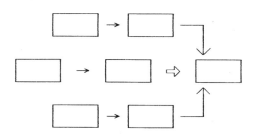

(3) 湖に_ア 白鳥の_イ 真っ白な_ウ すがたが、_エ 美しく_オ うつっています。_カ

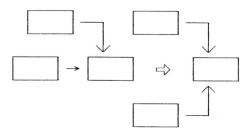

主語・述語・修飾語の関係を考えて□の中に記号を書きなさい。

(1) ア その人は イ きっと ウ 君が エ そこまで オ してくれたことを カ 聞いて キ おどろくにちがいない。

(2) ア その土地の イ 農家の ウ 人々は、 エ 山のサルが オ 作物を カ 食いあらすので、 キ たいくつ ク こまっていた。

(3) ア ねこは、 イ 今日こそ ウ つかまえてやろうと エ ひっしになって オ そのねずみを カ 追いかけた。

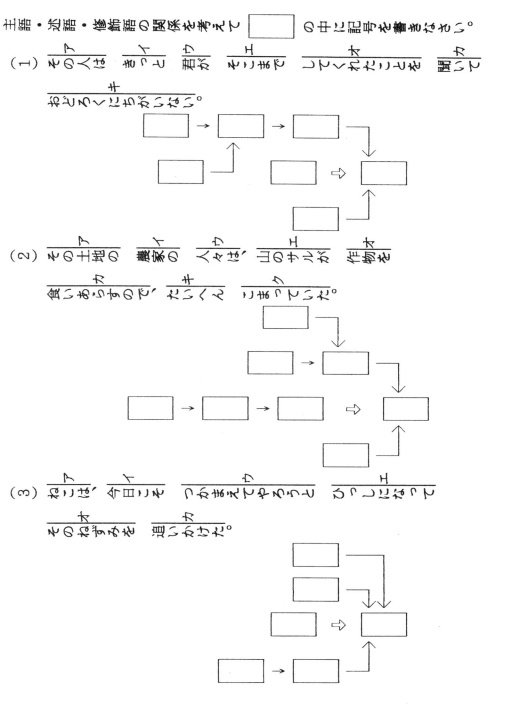

主語・述語・修飾語の関係を考えて □ の中に記号を書きなさい。

(1) ア季節風は、イ日本の ウ生活や文化だけでなく、エ歴史にまで、オえいきょうを カあたえてきました。

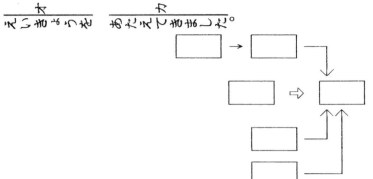

(2) アこの イダムの ウ水の エ底には、オ一つの カ村が キまるごと クしずんでいます。

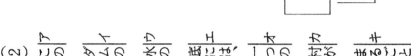

(3) アアリは、イ言葉ではなく ウ特しゅな エ物質で オサの カありかなどを キ仲間に クつたえます。

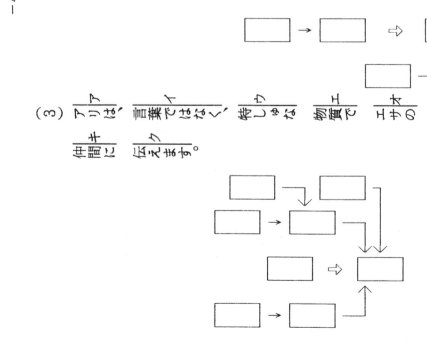

主語・述語・修飾語の関係を考えて □ の中に記号を書きなさい。

(1) ア大きな イ音に ウおどろいて、エハトは オいっせいに カ空高く キまい上がりました。

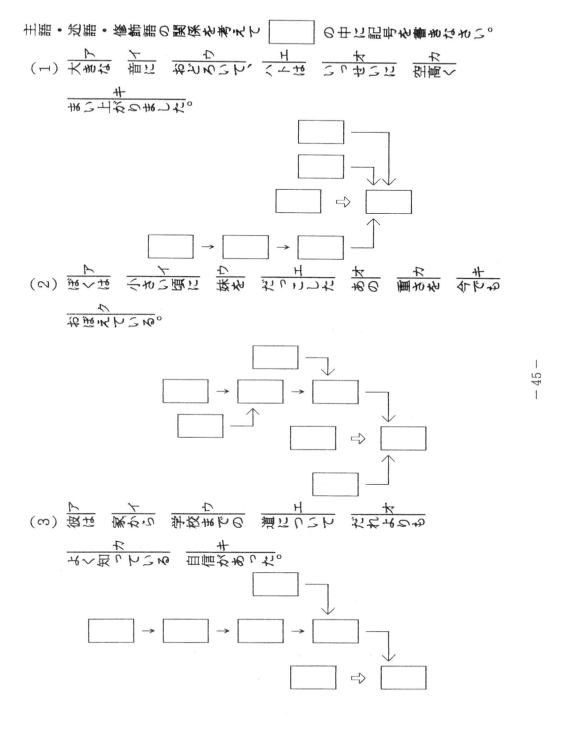

(2) アぼくは イ小さい頃に ウ妹を エだっこした オあの 力重さを キ今でも クおぼえている。

(3) ア彼は イ家から ウ学校までの エ道について オだれよりも カよく知っている キ自信があった。

主語・述語・修飾語の関係を考えて □ の中に記号を書きなさい。

(1) ｱ私たちは、ｲ先生から、ｳアフリカの ｴ人々を ｵすくった ｶシュバイツァーの ｷ話を ｸ聞きました。

(2) ｱバスに ｲのりおくれた ｳ加藤さんは、ｴ約束の ｵ時間に ｶ間にあわなかった。

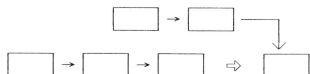

(3) ｱえだとえだの ｲ間から、ｳ白い ｴ米のような ｵ雪が ｶさらさらと ｷこぼれていました。

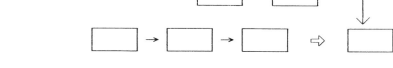

主語・述語・修飾語の関係を考えて□の中に記号を書きなさい。

(1) 子ぎつねは、大きな音に びっくりして、すの中に
   ア   イ   ウ   エ   オ カ
   逃げこみました。
   キ

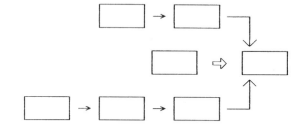

(2) ライトが ついて、今まで 暗かった グラウンドは、急に
   ア   イ   ウ   エ   オ   カ
   明るくなった。
   キ

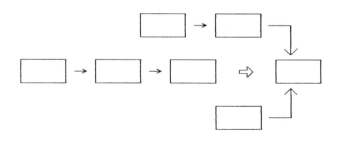

(3) これは、父が 北海道へ 旅行したとき 私に 買ってきてくれた
   ア   イ   ウ   エ   オ   カ
   おみやげです。
   キ

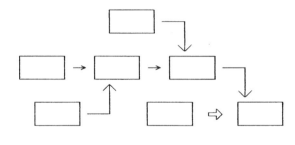

主語・述語・修飾語の関係を考えて□の中に記号を書きなさい。

(1) 弟は(ア) さっきから(イ) 長い(ウ) こと 算数の(エ) むずかしい(オ) 問題に(カ) ちょうせんしている(キ)。

(2) しんせきの(ア) おじさんは(イ) 大事にしている(ウ) 植木に(エ) 毎日(オ) かかさず(カ) 水を(キ) やります(ク)。

(3) 海水浴で(ア) 遊びつかれた(イ) 妹は(ウ)、帰りの(エ) 車の(オ) 中で(カ) ずっと(キ) 寝ていました(ク)。

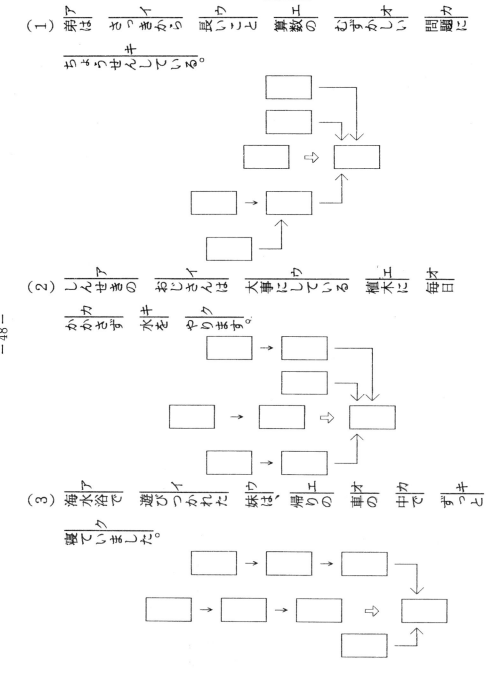

主語・述語・修飾語の関係を考えて □ の中に記号を書きなさい。

(1) ア冷たい イ冬の ウ雨が、エ私の オ横顔を カはげしく キたたいた。

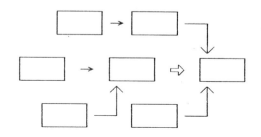

(2) ア海から イ持って帰った ウめずらしい エ貝がらは、オ一日中 カクラスの キみんなの ク引っ張りだこだった。

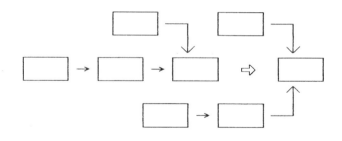

(3) アこの イみさきから ウ見える エあの オ島は、カあんなに キちかくに クあるのに ケとなりの コ国なのです。

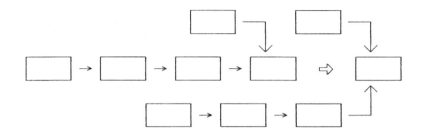

・述語・修飾語の関係を考えて □ の中に記号を書きなさい。

(1) ア一週間かかって イやっと ウ完成した エ作品を オぼくは カこわさないように キ注意して ク学校へ ケ持って コ行った。

(2) ア月の イ砂漠を ウはるばると エあざやかな オくらを カつけた キ二匹の クらくだが ケならんで行く。

(3) ア今日、 イぼくは、 ウはじめて エテストで オ一番を カとったので キ家中の クみんなに ケほめられた。

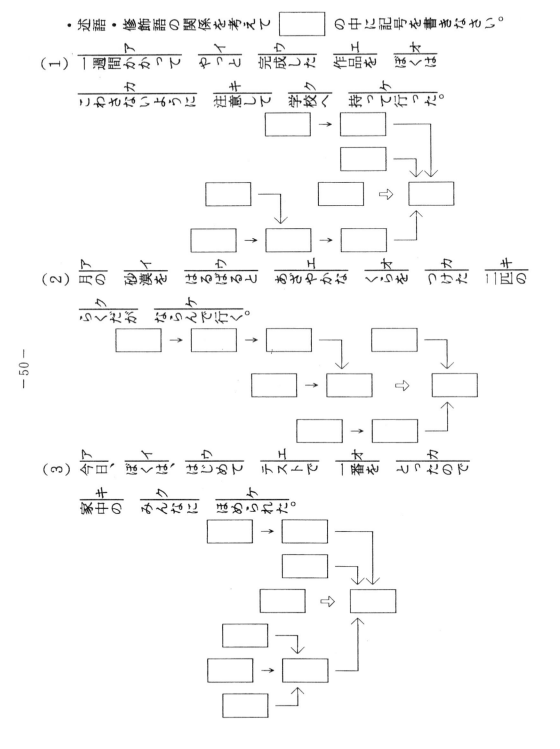

文の組み立て特訓

主語・述語・修飾被修飾の関係
文章読解の基礎

解答編

M・access（エム・アクセス）

注意

* ☆と☆または#と#の部分は入れ替えても正解です。
* 主語あるいは修飾・被修飾の関係については、いろいろな説があります。この本では入試に対応する事が目的ですので、複数の解釈の仕方で問題がつくられています。

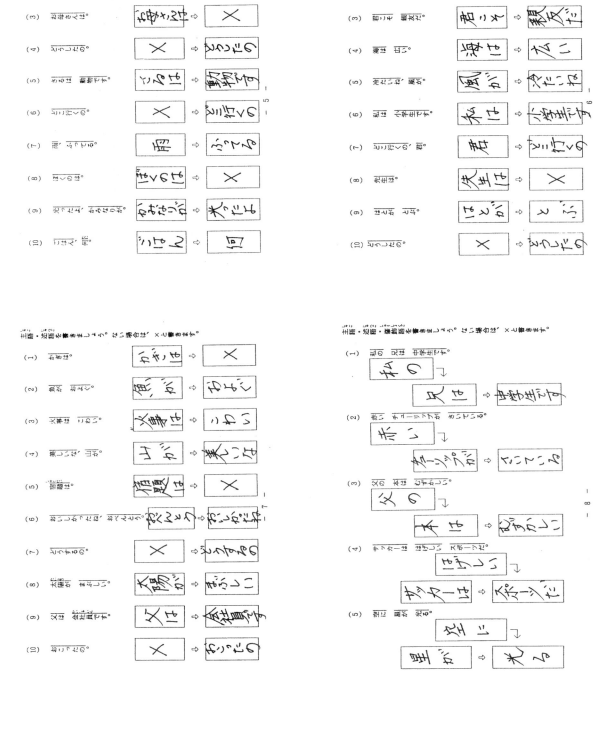

主語・述語・修飾語を書きましょう。「が」をつけた単語を○で、×と書きます。

(1) 雨が 激しく 降り出した。
楽しい → 夏休みが → 始まる

(2) 姉の 歌声は 美しい。
ケーキを → 妹が → 食べます

(3) するどい 矢が ヒュンヒュン とぶ。
国語の テストが むずかしい

(4) 小さな 鳥が 鳴いている。
さっきから 電話が なっている

(5) ライオンは 強い 動物です。
料理が → 母は → 得意です

(1) 雨が すごく ふりだす。
夕飯の おかずは 何ですか

(2) ぼくは ジュースを 飲む。
兄の 靴は どれですか

(3) 大きな ふうせんが とぶ。
私だけ 全部 できた

(4) 大雨は 三日 続いている。
明日の 天気は はれらしい

(5) あの子は 速く 泳ぐ
子どもが 元気よく 遊んだ

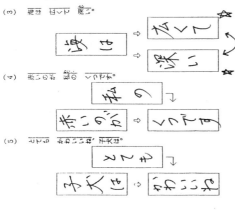
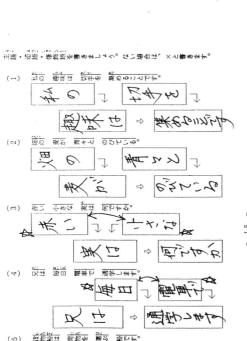

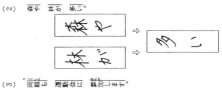
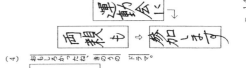

主語・述語・修飾語を書きましょう。ない場合は、×と書きます。

(1) 青くて深い湖がある。

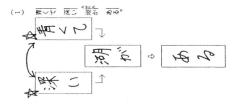

(2) 花がとてもたくさん咲いている。

(3) 海に白いヨットがうかんでいます。

(4) 海がとても青く光っている。
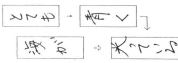

主語・述語・修飾語の関係を考えて □ の中に記号を書きなさい。

(例) おじいさんが私に大きなかぶをくれた。

(1) 4月から妹は私と同じ小学校に通います。

(2) 京都は千年以上前につくられた古いまちです。

(3) 去年の秋に転校した友達から久しぶりに手紙が来た。

主語・述語・修飾語を書きましょう。ない場合は、×と書きます。

(1) つめたいつめたい雨がふる。

(2) とてもきれいな長いかみがゆれる。

(3) 父は休日に海外へ旅行した。
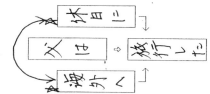

(4) あの美しい花は何ですか。
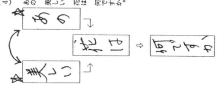

主語・述語・修飾語の関係を考えて □ の中に記号を書きなさい。

(1) 私は泣きながらバスに乗る鈴木君を見送った。

(2) 私は泣きながらバスに乗る鈴木君を見送った。

(3) 林さんは、お母さんとお父さんが帰ってくる前に夕食を食べました。

(4) 林さんは、お母さんとお父さんが帰ってくる前に夕食を食べました。
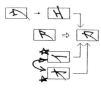

主語・述語・修飾語の関係を考えて □ の中に記号を書きましょう。

(1) 父は 朝early 会社に 行き、母は デパートへ 買い物に
    ア   イ   ウ   エ   オ   カ   キ
   出かけました。
   ク

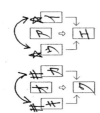

(2) 父が 働いている 会社の 社長が 来て 井戸を
    ア   イ   ウ   エ   オ   カ
   そうじさせました。
   キ

(3) 庭の 小屋に おいてあった 木は とても りっぱで
    ア   イ   ウ   エ   オ   カ
   見事でした。
   キ

主語・述語・修飾語の関係を考えて □ の中に記号を書きましょう。

(1) 明日、ぼくは 新幹線で 名古屋の おばに 会いに
    ア   イ   ウ   エ   オ   カ
   行く予定です。
   キ

(2) にぎやかな 小鳥の 歌声で 黄色の 花が 喜び
    ア   イ   ウ   エ   オ   カ
   おどり出すようです。
   キ

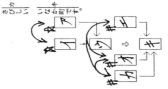

(3) だれから だれへの おくりものかを 海に 面した 小さな
    ア   イ   ウ   エ   オ   カ
   かわいらしい店の前で考えます。
   キ

主語・述語・修飾語の関係を考えて □ の中に記号を書きましょう。

(1) 図書館で 静かに 本を 読む 仕事は 楽しく 大人
    ア   イ   ウ   エ   オ   カ   キ
   おさないみんなが 利用することで 楽しみます。

(2) 新聞の 見出しを 見ていたら 出て来た 中は とても
    ア   イ   ウ   エ   オ   カ
   起きることがありました。
   キ

(3) とても タくさんの テレビを 見ていたら、父が 帰って
    ア   イ   ウ   エ   オ   カ
   来たので話しかけましたが答えてくれません。

主語・述語・修飾語の関係を考えて □ の中に記号を書きましょう。

(1) りょこうで 山に 行ったとき、美しい さん
    ア   イ   ウ   エ   オ
   見まわしました。

(2) わたしの 家の 近くで おかあさんと こうさ
    ア   イ   ウ   エ   オ
   はじめて出会いました。

(3) 私は、テレビや 電話で お友だちの 家に 遊び
    ア   イ   ウ   エ   オ   カ
   に行きます。
   キ

主語・述語・修飾語の関係を考えて □の中に記号を書きなさい。

(1) 幸運は<u>ア</u> <u>あまりにも</u><u>近くに</u><u>あるすぎて</u><u>かえって</u><u>気がつかない</u><u>事が</u><u>多いのです</u>。

(2) 兄は<u>ア</u> <u>中学生になった</u><u>お祝いに</u><u>おこずかいが</u><u>働いてる</u><u>会社の</u><u>パソコンを</u><u>一台</u><u>買ってもらいました</u>。

(3) 魚の<u>ア</u><u>中には</u><u>大きくなるにつれて</u><u>呼ぶ名<u>が</u><u>変わる</u><u>「しゅっせうお」</u><u>といわれる</u><u>魚が</u><u>いるそうです</u>。

主語・述語・修飾語の関係を考えて □の中に記号を書きなさい。

(1) りこうな<u>ア</u> <u>犬が</u><u>いきなり</u><u>走って</u><u>けがをした</u><u>ものの大</u><u>キずを</u><u>負って</u><u>追いかけた</u>。

(2) 私の<u>ア</u><u>父は</u><u>休日は</u><u>ゴルフの</u><u>練習に</u><u>行きます</u>。

(3) この前<u>ア</u><u>日曜日は</u><u>母の</u><u>代わりに</u><u>私が</u><u>夕食を</u><u>作りました</u>。

主語・述語・修飾語の関係を考えて □の中に記号を書きなさい。

(1) 夏休みに<u>ア</u><u>海へ</u><u>行った時に</u><u>食べた</u><u>たこ焼きは</u><u>とても</u><u>おいしかった</u>。

(2) 今年は<u>ア</u> <u>寒いので</u><u>桜の</u><u>花が</u><u>いつから</u><u>咲くのか</u><u>心配</u><u>おくれています</u>。

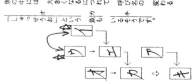

(3) 王子<u>ア</u><u>さまは</u><u>城から</u><u>連れさられた</u><u>王女が</u><u>とても</u><u>心配で</u><u>夜も</u><u>眠れませんでした</u>。

主語・述語・修飾語の関係を考えて □の中に記号を書きなさい。

(1) 今日は<u>ア</u><u>近くの</u><u>神社で</u><u>豊作を</u><u>祝う</u><u>年に</u><u>一度の</u><u>お祭りが</u><u>あります</u>。

(2) 春に<u>ア</u><u>私が</u><u>植えた</u><u>ひまわりが</u><u>とても</u><u>大きな</u><u>花を</u><u>咲かせました</u>。

(3) 母から<u>ア</u><u>何度も</u><u>言われたので</u><u>弟は<u>しぶしぶ</u><u>勉強を</u><u>しようとしましたが</u><u>しませんでした</u>。

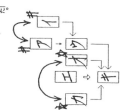

主語・述語・修飾語の関係を考えて □ の中に記号を書きなさい。

(1) 川に 浮かんでいる 白いものは まだ 生まれて 間もない 白い 子犬でした。

(2) あんなに 小さな 体なのに すずめは 冷たい 風に 負けない 元気で 鳴くだろう。

(3) もう 大きくなっても 食べられない 竹やぶでは おじいさんは 大きくなりすぎた 竹を 切りだした。

主語・述語・修飾語の関係を考えて □ の中に記号を書きなさい。

(1) 久しぶりの 雨で 草木たちも すっかり 元気を 取りもどした。

(2) 弟は 母に 言われた とおりの 町まで おつかいに 行きました。

(3) ビルの 上から 遠くを ながめると 遠くに 貨物船が 見えました。

主語・述語・修飾語の関係を考えて □ の中に記号を書きなさい。

(1) 雨が ふりだし 激しく 風が 校庭の 木だちに ふきつけました。

(2) 私は おじいさんから 戦争で 死んだ むすこの 話を 聞きました。

(3) 遠く 彼方を その 時 教室の 中には だれかが いますか。

主語・述語・修飾語の関係を考えて □ の中に記号を書きなさい。

(1) 兄は 予定より 3時間も おくれて 家に 帰宅した。

(2) 曲がり角の 向こうから 自動車が 急に 走ってきて ふれえました。

(3) 外は まだ 明るいけど 通り道 雪は 降らないから 時間を 守りましょう。

主語・述語・修飾語の関係を考えて□の中に記号を書きなさい。

(1) おじいさんが ア 　 大すきな イ 　 本を ウ 　 読んエ で オ おじいさんの ロンドンは はじまる。

(2) 太郎君ア は 毎日イ 朝早ウ くから 近所エ の 公園オ に ラジオ体操カ に 行キ きます。

(3) どこかア で もらイ ってウ きた おエ ばさんは ぶエ ったオ のに もカ らってキ 泣いています。

主語・述語・修飾語の関係を考えて□の中に記号を書きなさい。

(1) 動物ア の 中で 一番はしるのが イ 早いと されているのは ウ チーターエ で 時速オ 一〇〇キロだ。

(2) 夏休みア の 間私イ たちは 毎日のウ ように エ プールで オ たくさんの 泳カ いだ。

(3) 彼ア が 持っている イ タイヤの ネックレスは ウ 大切な エ 母の オ 形見キ です。

主語・述語・修飾語の関係を考えて□の中に記号を書きなさい。

(1) あすア の 祭りのために あちらこちらイ から 大量ウ の 雪がエ 運ばれてきましたオ 。

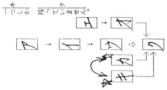

(2) もしア その 男は 子どもたちイ を 引きウ つれて エ ふえを オ ふきカ ながら どこかキ へ 行ってしまった。

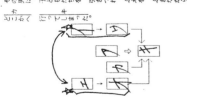

(3) 私たちア は 昨日イ 村り祭のウ 白いエ 服を オ 着てふえと つづみをカ 持ったキ 男に 出会った。

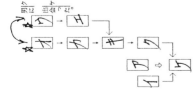

主語・述語・修飾語の関係を考えて□の中に記号を書きなさい。

(1) 三日前に ア 植えた イ ヒヤシンスの ウ 芽がエ ぐんぐんと のび オ て きました。

(2) 彼ア は デパート イ の 前で はぐれた ウ かと エ 思う母を オ 見つけた カ 。

(3) からすは ア ほかのイ 鳥のウ 巣に エ 自分の 卵をオ 産んカ でおく キ あつかましい鳥です。

主語・述語・修飾語の関係を考えて□の中に記号を書きなさい。

(1) 太郎君は、首と給食の時間だけ、水をえた魚のように生き生きとしています。

(2) ダイキチが、えさ入りのしたで、回し物質で走っている間を見て、私は、しばらくおそうあました。

(3) 親鳥は、くちをひろげる、おどった、キッネの仕事を目分に見つけせました。

主語・述語・修飾語の関係を考えて□の中に記号を書きなさい。

(1) おかしのときは、私の実が、ますようにあった、戦いの少を話しました。

(2) おばあちゃんは、きれいに着かざって、映画館について、くわしく語っていました。

(3) 三年すになって、もちろんイチは、無事にゆうた我たちは、さからないできました。

主語・述語・修飾語の関係を考えて□の中に記号を書きなさい。

(1) 今日は、ふだんは見られない星が、見えるほど、空がきれいでした。

(2) ひたい目分の部屋が、持っている私は、いちもうれしかった。

(3) 気がついて、おくれていまいそうで気になる時の見られていたい場所に立てるね。

主語・述語・修飾語の関係を考えて□の中に記号を書きなさい。

(1) 林は、私たちに、とってもきわもない問題ですの、やさしく教えてくれました。

(2) その馬は、水を飲むのをやめて、音がした方向を見ました。

(3) かなしい事件で、明日から校内に警備が置かれることになりました。

主語・述語・修飾語の関係を考えて □ の中に記号を書きなさい。

(1) これ は 中世の 有名な 画家が 描いた 絵画で この 国の 宝です。
  ウ　イ　エ　オ　ア　カ

(2) 私は 祖父ほど 大切に している ものは ありません。
  ア　カ　イ　エ　オ　キ

(3) 教える のが うまい 人は むずかしい ことも わかりやすく 知識を 使って 説明する ことが できます。
  イ　エ　キ　ク　ア　ウ　オ　カ

主語・述語・修飾語の関係を考えて □ の中に記号を書きなさい。

(1) だれの さしが あるか あれた お皿が あるのか 私は 知らなかった。
  ウ　イ　エ　オ　キ　ク　ア

(2) エジプトの ピラミッドは ナイル川の ほとりに 何千年 前から 立っています。
  ア　イ　ウ　エ　オ　カ　キ

(3) 湖に 白鳥の 真っ白な 羽が 美しく うつっています。
  キ　イ　ア　エ　ウ　オ

主語・述語・修飾語の関係を考えて □ の中に記号を書きなさい。

(1) もの作りは 昔から 誰かが もっと よくしたいと いう 思いから はじまる。
  ウ　エ　ア　イ　オ　カ　キ

(2) その 土地の 農家の 人々は コツコツと 作物を 育てあげて たくさん 収穫しています。
  ア　イ　ウ　エ　オ　カ　キ　ク

(3) 私は 今日は 早く 帰えなくちゃ いけないので ものすごく 急ぐ。
  イ　ウ　エ　オ　ア　カ

主語・述語・修飾語の関係を考えて □ の中に記号を書きなさい。

(1) 書物は 日本の 歴史や 文化だけでなく、 歴史にも 考えかたを あたえてきたのだ。
  ア　イ　ウ　エ　オ　カ

(2) コアラや タヌキの 水分は 1つの 村が あるので くらしています。
  ア　イ　ウ　エ　オ　カ　キ

(3) アリは 言葉ではない 特別な 物質で 仲間の ありかを 仲間に 伝えます。
  ア　イ　ウ　エ　オ　カ　キ

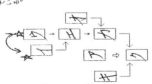

主語・述語・修飾語の関係を考えて□の中に記号を書きもう。

(1) 今日は 朝から 冬の 雨が 校庭の 様子を はげしく ふっている。

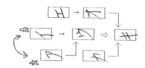

(2) 角から 走って 現れた かわいい 黒い 犬は 一日中 クラスの みんなの 話題の もちきりでした。

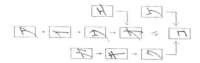

(3) 川の 向こうから 見える あの 高く そびえる 山々は あちらに となりの 国なのです。

・述語・修飾語の関係を考えて□の中に記号を書きもう。

(1) 1週間かかって やっと 完成した 作品を 選んだ ぼくは おだやかな 気持ちで 学校へ 持って行く。

(2) 月で めずらしく はればれと あおやかに くもりない 晴れた 三匹の わくわくしながら 外で あそんだ。

(3) 今日、 月で はじめて 天気が 晴れたので 家中の まどを はなった。

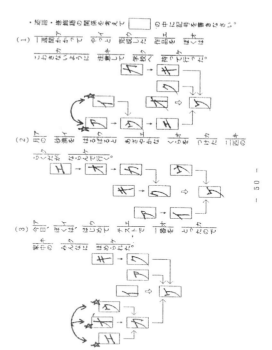

M.access 学びの理念

☆学びたいという気持ちが大切です
勉強を強制されていると感じているのではなく、心から学びたいと思っていることが子どもを伸ばします。

☆意味を理解し納得する事が学びです
たとえば、公式を丸暗記して当てはめて解くのは正しい姿勢ではありません。意味を理解し納得するまで考えることが本当の学習です。

☆学びには生きた経験が必要です
家の手伝い、スポーツ、友人関係、近所付き合いや学校生活もしっかりとして「学び」の姿勢は育ちます。
生きた経験を伴いながら、学びたいという心を持ち、意味を理解、納得する学習をすれば、負担を感じるほどの多くの問題をこなさずとも、子どもたちはそれぞれの目標を達成することができます。

発刊のことば

「生きてゆく」ということは、道のない道を歩いて行くようなものです。「答」のない問題を解くようなものです。今まで人はみんなそれぞれ道のない道を歩き、「答」のない問題を解いてきました。

子どもたちの未来にも、定まった「答」はありません。もちろん「解き方」や「公式」もありません。

私たちの後を継いで世界の明日を支えてゆく彼らにもっとも必要な、そして今、社会でもっとも求められている力は、この「解き方」も「公式」も「答」すらもない問題を解いてゆく力ではないでしょうか。

人間のはるかに及ばない素晴らしい速さで計算を行うコンピューターでさえ、「解き方」のない問題を解く力はありません。特にこれからの人間に求められているのは、「解き方」も「公式」も「答」もない問題を解いてゆく力であると、私たちは確信しています。

M.accessの教材が、これからの社会を支え、新しい世界を創造してゆく子どもたちの成長に、少しでも役立つことを願ってやみません。

国語読解の特訓シリーズ1
文の組み立て特訓 新装版　文章読解の基礎　(内容は旧版と同じものです)

新装版　第一刷
編集者　M.access（エム・アクセス）
発行所　株式会社　認知工学
〒604-8155　京都市中京区錦小路烏丸西入ル古山町308
電話　(075)256-7731　　email : ninchi@sch.jp
郵便振替　01080-9-19361　株式会社認知工学

ISBN978-4-86712-201-3　C-6381　　N01300124J　M

定価＝ 本体六〇〇円 ＋税